ックレット

人間として一流をめざす

心を育てる教育とは何か

上甲　晃

目次

人間として一流をめざす――心を育てる教育とは何か

表紙・扉デザイン——株式会社　長正社

本書は財団法人モラロジー研究所「生涯学習講座」における講話をもとに編集したものです。

はじめに

私は、昭和四十年に松下電器産業株式会社に入社しました。松下電器は、今でこそ、いわゆる一流企業と呼ばれるようになりましたが、私が入社したころは、まだまだ一流と呼ばれる状況ではありませんでした。当時の松下電器は、世間では次のような言われ方をしておりました。

「松下電器という会社は、三流の人間を集めて、一流の仕事をさせる会社だ」

私は、それを聞いて「いい言葉だな」と思いました。今でも大変気に入っています。

ここでいう〝三流の人間〟という意味について詰問《きつもん》されると私も困りますが、ごくごく普通の人間という意味だと思ってください。ごく普通の人間を集めながら、一流の仕事をさせる会社ということです。それは人間の持つ力を、徹底して生かすことができる会社だということです。

最近の松下電器は、世間で一流といわれる学校の中でも、相当に成績の良い人でなければ入社できません。しかし、成績の良い人を集めても、必ずしも一流の仕事ができるかというとそうではありません。

学歴や偏差値《へんさち》だけでは、必ずしも人生は渡れないのです。学歴や偏差値で人間が幸せになれるのでしたら、これほど楽なことはありません。人間が実社会の中で幸せに生きていくためには、もっと違う大事な力があるのではないでしょうか。今回は、皆さんと共に、そのことについて考えてみたいと思います。

人間としての一流とは何か

昭和の初めごろの話です。もちろん私も生まれていません。

松下電器が中小企業より少し大きな会社になったころのことです。幹部社員の一人が、外部のある会合に出かけて行きました。そこで、隣に座っている人から、次のように尋ねられました。

「あなたは松下電器という会社に勤務されているみたいですが、何を作る会社ですか？」

その幹部社員は、当然のごとく、

「電気製品を作っている会社です」

と答えました。もちろん、当時のことですから、今のようなしゃれた家電製品はなかったと思います。主にこたつとか、アイロンとか、ラジオなどだと思います。会社に帰った幹部社員は、次のように社長の松下幸之助に報告しました。

「社長、今日、外部のある会合に行きましたら、私に『松下電器は何を作る会社ですか？』と聞く人がいました」

「そうか。それで、君はどう答えたんや？」

「はい、『電気製品を作る会社です』と、ちゃんと答えておきましたから、どうぞご安心ください」

報告しながら幹部社員は、きっと社長から「そうか、うちも会社の名前を聞いただけでは、何を作っている会社かまだ分かってもらえんか。これから、おおいに頑張って、会社の名前を聞いただけで、すぐ、何を作っている会社かピンと分かってもらえるような、そういう会社にならなあかんな」という返事があると思っていました。

ところが、松下幸之助は、次のように言いました。

「なに？　君は『松下電器は、電気製品を作る会社』と答えたのかね。君のその答えは、僕の考え方と違うな」

報告した幹部社員は、

「社長、それはいったいどういう意味ですか？」

と聞き直しました。

するると、松下幸之助は、

「君な、どんなに高度な技術を身につけても、どんな立派な知識を身につけても、それは所詮《しょせん》道具にしか過ぎんのや。どんな立派な道具を身に備えても、それを使う君自身が、人間として立派にならん限りは、絶対にいい仕事はできんのや。松下電器は、電気製品を作る前に人間をつくる会社や」

と言いました。これは、今日でも、松下電器の社内では大変よく知られている言葉です。

技術や知識は所詮道具にしか過ぎないのです。どんな立派な道具を揃《そろ》えても、あなた自身が人間として成長しない限りは、絶対によい仕事はできません。知識や技術ももちろん大事なことですが、もっと大事なのは、自分自身の人間としての値打ちをどのように上げていくかということなのです。

例えば、ゴルフです。

私も、以前少しだけゴルフをやっていましたが、身に備わったゴルフの技術は、いわゆる三流以下です。その私が、仮に最高の道具を貸してもらってプレーしたとします。しかし、残念ながら、どんなよい道具を借りても、私の実力が三流であれば、やはり三流の結果しか出ません。

ところが、世界でも有数のプロゴルファーであるタイガー・ウッズに、私の安物の道具を貸したとしましょう。道具がどんなものであっても、腕前が超一流であるタイガー・ウッズは、超一流に近いスコアを出すと思います。

このように、道具ももちろん大事ですが、もっと大事なのは、自分自身の人間としての実力なのです。つまり、人間として一流にならない限りは、絶対に一流の結果を生み出すことはできないのです。そして人間として一流ということは、決して一流大学を出るとか、一流の企業に入るということではありません。

では、どんな人が一流の人間なのでしょうか。私は次のように思います。

たとえ一流の大学を卒業していても、「自分さえよければ」という、自己中心的な考えの人は、人間としては三流です。人間としての一流は、たとえ学歴がなくても、周りの人のことを常に自分のことのように考えられる心を持つことだと思います。それは、「志」を持てば必ず目指すことのできる道なのです。

そこで、私がこのように考えるようになった経緯を、いくつかの体験を踏まえて紹介したいと思います。

「自分の頭で考えなはれ」

松下電器の創業者である松下幸之助は、人を育てるとき、いつも口癖《くちぐせ》のように次の言葉を言ってきました。

「自分の頭で考えなはれ」

松下幸之助は、どんなときでも、自分の頭で考えるということを、徹底して求めた人でした。人がやっているから真似《まね》をしよう、よそが成功したからうちもやろう、というような安易な気持ちで事業をやっても、絶対に本物にはなれません。どんなに時間がかかってもよいから、自分の頭で考えるという主体的で積極的な態度がなければ、絶対に本物にはなれないという考え方でした。

私が松下電器に勤務しているころ、よく「社長のところに行ってきます」と言いますと、上司から、「気をつけろよ。必ず社長は聞くからな、心の準備をして行けよ」と言われました。

それは、松下幸之助が、どんな用件で部下が来ても、必ず「君はどう考えるんや?」と聞いたからです。どんなときでも、間違っていてもよいから「私はこう考えます」というように、自分の頭で考えさせることを徹底して訓練させたのです。

サラリーマンは、「自分の頭で考える」ということが、一番苦手なのです。私も長い間サラリーマンとして勤めていましたのでよく分かるのですが、たいていのサラリーマンは、言われたことしかやりません。言われないと何もやれないという、指示待ち人間になりがちなのです。

それはなぜでしょうか。第一に、そのほうが楽だからです。つまり、自分の頭で考えないことほど楽なことはありません。そして第二に、責任から逃れられるのです。仮に失敗しても「言われたとおりにやりました」と言って、責任逃れができるからです。その意味において、サラリーマンは、放っておくと必ず指示待ち人間になっていきます。

松下幸之助は、そうしたサラリーマンの性質が分かっていたのでしょう。常に、「君はどう考えるんや」「君の意見はどうや」と言って、社員一人ひとりに考えさせました。ですから、たとえ間違っていても、「私はこう考えます」「私の意見はこうです」と、当時の松下電器の社員は皆、自分の考え方や意見を持つということを一生懸命にやりました。

二十一世紀に生きる日本人は、この「自分の頭で考える」ことが基本の心構えになると思います。

「人に言われたからやる」「流行だからやる」のではなく、自分の意見をしっかりと持つという自立性、または主体性が大変に重要な時代になってくるだろうと思います。

明治時代以来、今日までの日本は、一貫して先進諸国に追いつく時代でした。とにかく、がむしゃらに、目標に向かって必死に働くというのが今までの時代でした。そういうときは、何も考えないほうがいいという面があります。

しかし、経済発展を遂《と》げ、先進国の仲間入りを十分に果たした現在では、追いつくべき目標がなくなり、自分で目標を設定して自分で歩むしかないわけです。ですから、これからの時代は、自分の頭で考えることなしに、目標は見えてこないのです。

しかし、日本人は、いつのころからか、みんな自分の頭で考えるのをやめてしまったのです。それは、例えば日本の地域づくりに如実《にょじつ》に表れています。他の地域に出かけて行って、ひとつよいものがあると、「これはいいな。うちの地域でもやろうか」ということになるのです。ですから、気がついたら日本中、同じような地域興《おこ》ししか行われていないのです。地域の名産品は、どこへ行っても似たようなものです。それは、みずから考えずに他の真似をしているからです。

あるいは、東京のコンサルティング会社に頼みます。自分の住む地域の将来を、他人に考えてもらおうというのです。そのような地域興しがうまくいくはずがありません。

私は、どれほど時間がかかっても、自分で考えることが最も大切だと思います。これからどのような道を歩んでいけばよいのかを、すべて自分で考えるということが、最も自分自身の力になるのです。

皆さんも、学生時代に数学の問題集を解《と》いたと思います。難しい問題にぶつかったとき、どうしても分からなくて問題集の一番後にある答えを見たことがあるでしょう。そのとき、たいていの場合、「なんだ、こんなことか」と思うのです。ところが、そのように答えを見ていたのでは、何回繰り返しても自分の実力にはならないのです。それに対して、たった一問を解くのに、苦しみながら三日間かかったとします。一問を解くのに三日かかったわけですから、能率としては大変悪いわけです。しかし、三日間苦しんだことが、全部自分の力になるのです。それは、苦しみながらも自分で考え、自分で解いたからです。

そのような意味においても、〝自分の頭で考える〟ことは、人が成長するうえで大変重要なことです。

「自修自得」「万事研修」

私が勤めておりました松下政経塾では、「自分の頭で考える」ということを、次のような言葉に置き換えて、教育の根本理念として掲げていました。それは、「自修自得《じしゅうじとく》」です。

松下政経塾は、神奈川県の茅ヶ崎《ちがさき》市にあります。今から約二十年ほど前、これからの日本を背負って立つ、立派な国家の指導者を育てたいという思いから創設された塾です。国家のリーダーを育成することが目的ですから、当然、政治家を育てることも常に重要な柱として運営してきています。私はそこでおよそ十年間、塾頭という立場にありました。つまり、現場の責任者です。松下政経塾の敷地の中に住み込み、若い人と共に生活をしながら働くという生活を十年間やってまいりました。その松下政経塾の教育の根本的な考え方が、「自修自得」でした。

松下政経塾では、「自修自得」という言葉に、次のように解説の文章を付けています。

〝みずから問いを発し、みずから答えを見つける〟

つまり、人に言われてやる、人に教えられてやるということでは、人の成長は知れています。自分の頭で考えて、自分で求め、悩み、そして気がつくということが初めて成長につながるのです。それが「自修自得」です。そして、そのように自分で求めて学んでいくと、次のような視点の大切さに気づくのです。

それが、「万事研修《ばんじけんしゅう》」です。

私は、学校の勉強の仕方と、実社会での勉強の仕方は全く違うものだと思います。学校での勉強というのは、先生がいてテキストがあります。教えを受ける、受け身の勉強です。実社会の勉強はそんな狭いものではありません。もっと幅広く、もっと奥の深いものです。本当に自分が問題意識を持って何かをつかもうと思ったならば、すべてのもの、すべてのことが〝先生〟になりうるのです。

私のように演壇に立ってお話ししている者だけが先生ではありません。場合によれば、「いったい、これはどうしたらよいのか」と真剣に悩んでいるとき、庭のコブシの白い花を見て「そうか！」と気づくこともあるでしょう。そのときは、コブシが先生なのです。

例えば、こういう例があります。

ある会社で、社員が辞《や》めるとき、

「こんな会社でやっとれますか！」

と捨て台詞《ぜりふ》を吐いて出ていきました。経営者は腹が立ちます。社員が辞めた直後は、

〝あんなやつ、辞めてもらってせいせいするわ〟

と、それしか思わなかったわけです。しかし、一か月ほどして、ちょっと冷静になってみると、次のように思います。

〝そうか、今どきの若い社員を使おうと思ったら、あいつが言っているようなことも、これから

は考えないかんな〟

そう思った段階で、捨て台詞から学んでいるのです。つまり、捨て台詞が先生になるのです。これが、学校の勉強とはまったく違う、実社会の勉強なのです。本当に問題意識を持って何かをつかみたいという強い気持ちになれば、世の中のすべてが先生になります。これが「万事研修」という言葉です。

松下政経塾に掲げてある、この「万事研修」という言葉には、次のように解説の文章があります。

〝心して見れば、万物ことごとく我が師となる〟

本当に自分が素直に、謙虚に、熱心な心で見れば、すべてのものが自分の先生になるという意味です。これも私の大変好きな言葉です。

松下政経塾の人材育成は、この「自修自得」と「万事研修」の二つの言葉を柱として運営されておりました。具体的にいくつか例を挙げてみたいと思います。

座布団の前と後ろ

前述したとおり、私は神奈川県茅ヶ崎の松下政経塾に住み込み勤務をしていました。塾長の松下幸之助は、当時、九十歳近い年齢でした。しかも、大阪に住んでいましたので、茅ヶ崎にある松下政経塾には、あまり頻繁《ひんぱん》には来ることができませんでした。それでも、月に一度か二度の割合でやってきては、泊まり込んで塾生の指導をしていました。

「万事研修」が教育の柱ですから、塾長が茅ヶ崎にいる間は、すべて勉強だという考え方で、塾長の身の回りの世話を全部塾生にやらせました。布団を敷くのも、お風呂で塾長の背中を流すのも勉強として全部塾生がやりました。

そのような研修の中で、一人の塾生が松下幸之助に座布団《ざぶとん》を勧めたときのことです。

「塾長、座布団をどうぞ」

すると、塾長はこう言いました。

「君、この座布団、前と後ろが反対と違うか？」

塾生は、

「塾長、前でも後ろでも一緒じゃないですか。座れたら、どっちでもいいじゃないですか」

と返事をしました。そのとき松下幸之助は、大変に強く叱りました。

「そういう考え方をしている間は、絶対に一流になれん！　君なあ、百人のうち一人かもしれん。あるいは、千人のうちの一人かもしれん。世間には本物を見抜く人がおるんや。その本物を見抜く人の目を畏《おそ》れて仕事をせなあかん！」

百人のうち九十九人の人が気づかなかったのなら、それでいいという加減な気持ちがある

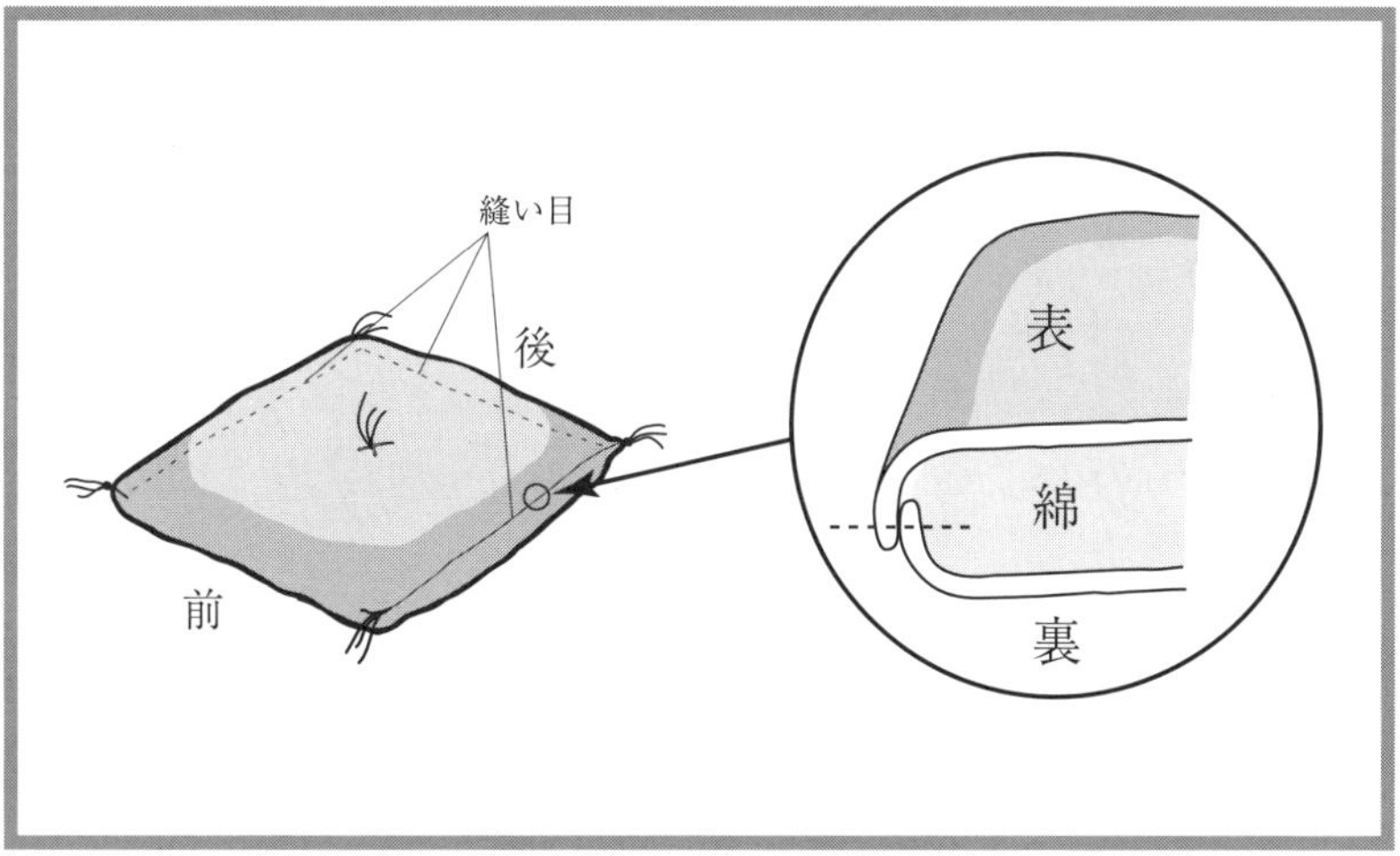

間は、絶対に本物になれないということです。数は少なくとも、常に本物を見抜く人がいる。その一流の人たちの目を畏れて仕事をしなければならないということを、座布団の前後で教えたのです。

ところで皆さんは座布団の前後を知っておられますか？　最近の若者は知らないかもしれませんが、座布団にもちゃんと前後があるのです。ほんのちょっとしたことですが、これを覚えるだけで大変な成長です。そして、一回分かると、どこでも気になるものです。

座布団は四方のうち一か所だけ縫《ぬ》い目のないところがあります。その縫い目のないところが前にあたります（上図参照）。人が座布団に座ったとき、膝《ひざ》の下になる部分には縫い目が来てはいけないのです。ですから、お客様にどうぞと座布団をお勧めするときは、縫い目のないところがお客様の膝の下に来るように、前後を確認して出すことが、一流への第一歩だと思います。

さらに座布団には表と裏があります。縫い目を見ると、上からかぶっているほうと下で受けているほうがあって、上からかぶっているほうが表で、下で受けているほうが裏です。

一流の料理屋さんへ行けば、出された座布団はきちんと前後が揃っています。たとえ高級車を乗り回していても、そういうことを知らないと、人間としての値打ちが見抜かれてしまうのです。

ご飯とおつゆの位置

またあるとき、こういうエピソードがありました。塾生が、塾長のところに食事を運んで行きました。

「塾長、食事を持って来ました」

と言って配膳《はいぜん》をしました。すると、松下幸之助は言いました。

「君、ご飯とおつゆの位置、反対ではないかね?」

座ったときに、左側にご飯、右側におつゆがくるのが正式な並べ方です。しかし、最近の人は、食べることができたら、形式なんかどちらでもよいではないかという考え方です。

私は、こうした考え方の一つひとつが、日本人の生き方の乱れにつながってきていると思います。日本人もだんだんと美しくなくなってきています。昔の日本人は、立ち居振る舞いから美しかったのです。ですから内面まで輝いていました。今日、物は豊かになっていい洋服を着ていますが、どんどんと日本人が醜《みにく》くなってきたのは、こういったマナーやルール、モラルの乱れ、つまり心の乱れが原因だと思うのです。

洋服や住まいなど、経済的なものだけでは一流になれないのです。生き方が一流にならないと、一流の美しさが出てきません。洋服やハンドバッグが一流でも中身の人間が三流では本当に光ってはこないのです。

もちろん、一流のハンドバッグや一流のブランドものを否定しているわけではありません。着るものも大事ですが、もっと大事なのは中身を一流にすることなのです。

毎朝の新聞届け

もう一つ、塾生が新聞を届けに行ったときのことをご紹介しましょう。

「塾長、おはようございます。新聞を持ってきました」

その塾生は、「ご苦労さん、そこへ置いといてくれんか」と言われると思って、気楽に退室しようとしたそのとき、松下幸之助は、その塾生を呼び止めて言いました。

「すまんなあ、新聞を読んでみてくれんか」

「どこを読みましょうか？」

「君が一番大事だと思うところを読んでくれんか」

その塾生は、機械的に新聞を届けに行っていただけですから、まったく読んでいません。だから、読みようがありませんでした。

そこで、あくる日から、新聞を届ける係は、誰よりも早く起きて、まず新聞を全部読み、そして自分の頭で考えるのです。今日の新聞の中でどこが一番大事なのかを。そうすると、新聞一つ届けることも大きな勉強になります。最初、塾生は新聞を届けることなど、何の勉強にもならないと思っていたことでしょう。しかし、視点を変えるだけで、新聞一つを届けることも研修であり、勉強になるのです。

考える力を育てる

松下幸之助は、政経塾で、このような育て方をしていたわけですが、松下幸之助らしい人の育て方のエピソードの一つをご紹介します。

以前、松下幸之助がＰＨＰ研究所の社長だったころ、社長秘書をしていたという人から聞いた話です。

ある朝、出勤してきた松下幸之助が秘書に向かって聞きました。

「今度、ハーマン・カーンという人が松下電器へ来るんや。君、ハーマン・カーンという人は、どんな人か知ってるか？」

一応のことを知っていた秘書は、次のように答えたのでしょう。

「ハーマン・カーンというのは、確か、ハドソン研究所というアメリカでも有数のシンクタンクを創設した人で、二十一世紀の世界をリードするのは日本だと予測した著名な未来学者です」

松下幸之助は、

「そうか、分かった」

と言いました。秘書はそれで、この件は終わったと思っていました。

ところがあくる日、出勤してきた松下幸之助は、また聞いたのです。

「おはよう。君、今度ハーマン・カーンという人が松下電器に来るけれども、どんな人か知ってるか？」

秘書は、一瞬、〝社長、ボケはじめたかな？　年をとると、こういうことが増えてくるな〟とでも思ったのではないでしょうか。そこで、最初と同じ答えをしたのです。松下幸之助は、

「そうか、分かった」

とだけ言いました。

三日目です。また、社長からハーマン・カーンについて聞かれたのです。さすがに秘書も答えながら、〝おかしいな〟と思いました。三日も続けて同じことを聞くというのは、ボケているからではなく、〝僕は君の答えに満足していないんやで〟という意味ではないかと感じてハッとしたというのです。

そこで彼は、その日の午後、自分で図書館に行って、ハーマン・カーンという人がどんな人物なのかを調べ直しました。さらに、ハーマン・カーンの最新の著書を買ってきて、徹夜で読んで、要約をカセットテープに吹き込みました。彼は、「また明日も、絶対に同じ質問がくる」と思ったのです。

四日目の朝、彼が予想したとおり、またハーマン・カーンの質問がきました。その時、彼は、初めて違う答えが言えたのです。そしてさらに、

「社長、時間があったら一度これを聞いてください」

と言って、前日徹夜で吹き込んだカセットテープを渡しました。

五日目、彼は会社へ行くの楽しみで仕方なかったのです。松下幸之助から、どんな言葉が返ってくるかという期待を胸いっぱいにして社長の出勤を今か今かと待ちました。やがて、社長が出勤してきました。そのとき、松下幸之助は、たった一言だけこう言いました。

「おはよう。君、なかなかええ声してるな」

彼は、この出来事を一生忘れられないと言いました。それは、自分で気がついたからです。〝そ

うか！〃と、自分で気づいたことは一生、自分の身につくのです。

この話を聞いて、私はたいへん感動しました。もし私が松下幸之助の立場であったら、きっと次のように言うでしょう。

「君なあ、その程度のことは僕も知ってるんや。図書館へ行って調べてくるとか、本を買ってきて要点をまとめるとか、もっと方法があるやろ！」

このように、私なら、答えまで全部言ってしまうでしょう。こういうやりとりを繰り返していると、部下はだんだんと考えなくなってきます。言われたことしかやらない、指示待ち人間になるのです。上司にとって、自分の思ったとおりに部下が動くことは、仕事をするうえでとても楽です。しかし、本当に大事なことは、みずから考えるとともに相手に考えさせることです。そして、部下が自分で〃そうか！〃と気づいたことは、全部、部下自身の血となり、肉になっていくのです。

自分で考え、自分で答えをつかんでいくということが、みずからを成長させる最大の方法ではないかと思います。

同時に、私は自分の子育てについても大変反省しました。私の子育てを考えてみると、ほとんど子どもが自分で考える力を奪い続けるものでした。例えば、朝、子どもが起きると、私は次から次へとせきたてていきます。

「おい、早く起きろ！」

「起きたらぐずぐずするな！　顔を洗え！」

「顔を洗ったらもたもたするな！　メシを食え！」

「メシを食い終わったら、とっとと学校へ行け！」

こういう調子ですから、子どもは考えている間がありません。そんなとき、子どもは何と言うでしょう。

「うるさいな！」

とだけ言って、学校へ行くのです。しかし、私が反省したときには、時すでに遅しでした。子どもたちはもう成人していて、気づいたときには孫の時代になっていました。

〝待つことは愛である〟という言葉があります。相手がいつか気づいてくれると願いながら、温かい気持ちで刺激しながら待つことが、本当の愛なのです。

しかし、残念ながら今の世の中は、何事も「早く、早く！」とせきたてて、私たちは、なかなか待つことができません。そのために、結果としては人が育たないということになったのではないかと思います。

こういう現代においては、親や上司の側、つまり、育てる側は、効率ということを考えることも大切ですが、子や部下がみずから気づき、育っていくことを重視する必要があると思います。そして、実は、人が育つことこそが、結局、会社や組織が育つことにもなるのです。

お茶くみの達人

本当に何かを求める心があれば、すべての体験が学びの機会になる一例として、「お茶くみ」について話してみたいと思います。

「お茶くみ」といいますと、今日では「なぜ私がそんなつまらない仕事をしなくてはならないのですか」と言われるくらい、まったく尊敬されない仕事になってしまいました。しかし、お茶一杯でも「あなたの入れてくれるお茶はおいしいね」と、本当に人を喜ばせ、感動させようと思ったならば、並たいていの努力ではできないのです。

私は、多くの訪問先でお茶をごちそうになりますが、色だけついた、味も素っ気もないお茶がありました。それは、「お茶くみはくだらない仕事だ」と思ってお茶を入れている証拠です。私は、その価値観が間違っていると思っています。本当は、お茶くみ一つにも達人《たつじん》の域があるのです。

先般、お茶くみが非常に重要な勉強の仕方だということを教えられました。

それは、警視庁捜査《そうさ》二課にうかがったときのことです。警視庁捜査二課というところは、経済犯罪を数多く扱っているところです。そこで、ある刑事さんと話していましたら、大変よいことを教えてもらいました。

その刑事さんは、最近の新米《しんまい》刑事について次のように話してくれました。

「今の刑事は、理屈とか理論とかを教えられるから、一応の知識はある。しかし、知識だけでは泥棒は捕まえられない」

つまり、いろいろと知っていることと、実際にできることは違うというわけです。本来は、〝できる人間〟にならなければならないのです。しかし、多くの場合は〝知っている人間〟でとどまっています。今日、日本全体でも検挙率が下がってきています。知識や理論は分かるけれども、泥棒の正体が分からないのです。ですから、泥棒がなかなか捕まらないのです。

知識の偏重《へんちょう》と、検挙率の低下との因果関係は明確には分かりませんが、何らかの影響があることは確かだと思っています。

その刑事さんは、こう言いました。

「昔は難しい理屈なんか、あまり教えなかった。けれど、実際に役に立つ知恵を教えてきた。そのための一番大事な教育方法はお茶くみだった」

不思議ではありませんか。昔の刑事さんは、お茶くみでもって刑事を訓練したということなのです。私は、どういうことなのか耳を傾けました。

話の概要はこうでした。

新米刑事の研修は、まず、先輩の刑事さんが六～七十人ぐらいいる大部屋のお茶くみから始まります。先輩の使っている湯飲み茶碗は、みんな違います。新米の刑事は必ずといってよいほどこう聞くのです。

「皆さん持っている湯飲みが違うので、誰がどの湯飲みなのかを一覧表にしてもらわないことには、お茶の入れようがありません」

先輩は、「自分で考えなさい」と言うだけです。

すると、新米刑事は、あくる日から、とにかく誰がどの湯飲みを持っているかを徹底して覚えることから始めるのです。

たかがお茶くみですが、よく考えると、これは刑事としての最も基礎的な訓練なのです。人の特徴、持ち物の特徴を一つひとつ覚えていくのです。〝あの人は、体も丸いけど、湯飲みも丸いな〟とか、〝あの人は、湯飲みは小さいけれど体は大きいな〟とか、あらゆる意味において持ち物とその持ち主の特徴を覚えるという、刑事として最も実際に役に立つ力を訓練することになるのです。

お茶くみをしていると、中にはこういう先輩刑事がいます。

ちょっと口をつけて、無言で水飲み場へ行って、お茶をザーッと捨ててしまうのです。そして「飲めるか」ということで、お茶を入れた新米刑事の机に空になった湯飲み茶碗をポンと置くのです。当然、新米刑事は聞きに行きます。

「すいません、何かお口に召しませんでしたか?」

すると、先輩刑事は「自分で考えろ」と言います。

そうすると新米刑事は、お茶を捨てた先輩がお茶を入れ直している様子をじっと見るわけです。

どこが自分の入れるお茶と違うのか、じっと観察して、そして真似をしながらお茶を入れていきます。そうしていくうちに、やがて先輩刑事はお茶を飲んでくれるようになるのです。

あるいは、お茶の葉の在庫が切れます。当然、買わなくてはならないのですが、どうやって手に入れるのか分かりません。そこで新米刑事は、出入りの業者さんをずっと見比べながら、どの人がお茶屋さんかを見極めるわけです。

考えてみると、これらは全部「たかがお茶くみ」です。しかし、刑事としての最も大事な人を見分ける、あるいは人の特徴をつかむという力は、全部お茶くみを通して養われるのです。

新米刑事は、こうしてお茶くみから、自分で考えて苦労しながら刑事としての力を身につけて一人前になっていくわけですが、これはあらゆる職業に通じることだと思います。

自分の目の前にあることすべてを研修だと思い、みずから問いを発し、みずから答えを得ていく中で、人は育っていくものと思います。「たかがお茶くみ」と言い出したときから、日本人は、ものの本質を見る力を失ってしまったのではないかと思います。

不便・不自由・不親切のすすめ

私は現在、「青年塾」という、青年を対象にした研修機関を主宰《しゅさい》しています。二十一世紀に生きる若い人たちには、ぜひ高い精神を持ってほしいと思っています。

「今さえよかったらいい」「自分さえよかったら、他の人はどうでもいい」というような、けちくさい人間になってほしくないのです。そんな考え方をしているのは、その人自身の人生のためにも、大変に残念だと思っています。自分はもちろん、周囲のみんながよくなることに対して、本当に真剣な心が持てるという若い人を育てたいと思って、私はこの青年塾を始めました。

青年塾では、一般でいう卒業式を「出発式」と呼んでいます。それは、高い精神を持って生きようという人生には卒業はありえない、つまり「生涯塾生」という考えから、「出発式」という呼び方をしています。

この青年塾の合言葉は、「自分の頭で考える」です。そして、自分の頭で考えるために、私は三つの教育方針を掲《かか》げています。それは、「不便」「不自由」「不親切」です。

これらは、現代の私たちの生活と比べると、すべて逆です。今日の世の中を俯瞰《ふかん》してみますと、できるだけ便利で、できるだけ自由で、できるだけ親切な社会ではないでしょうか。

では、人間に不便と不自由と不親切を与えるとどうなるでしょうか。みんな苦労します。そして、苦労をすると人は成長するのです。楽をしては、絶対に人は育ちません。

この三大方針をどのように実践しているかという例をご紹介します。

普通は、会合を開くとき、できるだけ交通条件のよい便利な会場を選びます。ところが、青年塾を開催する場合、私は「できるだけ不便な会場はないだろうか」ということを念頭に置きながら会場を選びます。青年塾は、できるだけ行きにくいところを会場に選ぶことにしています。できれば、携帯電話の通じないところです。

実際に、青年塾の入塾式は、岐阜県の奥深い町で開催しています。都会から行くには大変不便なところです。私たちスタッフは、事前打ち合わせのために、入塾式の会場に近い岐阜県瑞浪市にあるモラロジー研究所の瑞浪生涯学習センターを利用させていただいておりますが、参加者への案内には、例えば次のようにしか書きません。

「四月一日、入塾式を開催します。午前十時までに岐阜県恵那《えな》郡明智《あけち》町の日本大正村大正ロマン館に集合」

大変に不親切な案内です。ですから、参加者は電話で問い合わせをしてきます。

「どのようにして行ったらいいか分かりません。教えてください」

私は、にこっと笑って次のように言います。

「自分で考えていらしてください」

人間は、至れり尽くせりにすればするほど、何も考えなくなります。挙《あ》げ句《く》の果てに、感謝をするどころか、「地図が分かりにくい」とか「バスの時間が抜けていて困った」などと足らないことに文句さえ言うようになります。ですから、青年塾の案内には、必要最低限のことしか書きません。

不親切だと参加者はどうするでしょう。まず会場に来るために、「いったい場所はどこにあるのか」と、地図を買いに行きます。次に「どのようにして行くか」と、時刻表を買います。そうやって自分で苦労して調べて、迷いながら会場にやってくるのです。すると、会場に集まった参加者は、無事にたどり着いただけで顔つきが違います。お互いによく無事に来れたな、と感動し合うのです。

会場が東京駅前や大阪駅前では、楽すぎて何の苦労もしないで到着します。楽をすると感動はありません。そして、会場に着いたあとの研修というと、座って聞いているだけというものが多数を占めます。ほとんど苦労することはないでしょう。唯一、苦労するのは、眠い目を開けて話を聞くぐらいの苦労です。

知識を身につけることは大切なことですが、それで人間としてどれほど成長していることになるでしょうか。苦労をするから感動するのです。苦労をするからこそ自分の身につくのです。骨身に刻《きざ》むような苦労をしながら学んでいくのが本当の意味の生きた勉強だと思います。そう考えますと、今の世の中は楽をしたがるし、させたがります。ですから、青年塾は、不便で、不自由で、不親切を教育方針にしています。

自立した人間になる——「保護型社会」からの転換

青年塾では、昨年から「中国理解講座」を開催しています。私は、これからの日本人、特に若い人は、中国を徹底して勉強する必要があると考えています。中国が、だんだんと巨大になっていくということは、われわれ日本人の生活に直接に大きな影響が生じてくると思うからです。遠い国が大きくなるのとは違って、近隣の国が大きくなっていくということは、例えば隣の家が大きく建て直すことによって日照権《にっしょうけん》の問題が起きてくるのと同じように、たちまち影響してきます。

これからの日本人の特に若い世代にとっては、中国に、あらゆる意味において悩まされ続ける時代が始まったと思います。私は時々、二〇二〇年ごろには中国の新聞に、「最近、日本からの不法就労者がたくさん中国へやってくる」というような記事が載《の》るのではないかとさえ思うのです。

現在とはまったく逆のことですが、中国がどんどんと経済発展し、日本国内に仕事がなくなってきた場合、日本の若者が職を求めて中国へ不法就労するようなことも、本当に起こるかもしれません。私は、日本と中国との関係は、この二十年から三十年の間に重要な変化が訪れると思っています。

このような将来の重要な変化を考えて、今後日本人は、自分で自分に投資をする必要があります。会社が研修として投資してくれるのを待つのではなく、自分なりに時代を読んで「どうしてもこういう能力が必要だ」と判断をし、自己投資をしていくということが非常に大事な時代です。

特に中国を知ることは、大変重要であると思います。自分の仕事が直接に中国と関係がある場合はもちろん、ない場合でも、「彼は中国の事情についてよく知っている」と言われるような「知中派」になる必要があると思います。好き嫌いで中国を判断する「親中派」「嫌中派」ではなく、これから的確な判断をして生き抜いていくには、中国のことをよく知っている「知中派」の日本人にならないと、中国との付き合いによって、日本人は、くたくたになってしまうという悩ましい時代が訪れるのではないかと考えています。

そこで青年塾では、十年間かけて「中国理解講座」を行っているのです。毎年中国へ行き、あらゆる角度から中国人と徹底して議論をすることで、中国への理解を深めるという企画です。昨年は歴史問題を取り上げました。南京大虐殺記念館の館長と三時間にわたってディベートしました。とても太刀打《たちう》ちできませんでしたが、中国の実情を知るうえで、大変よい勉強になりました。

今年は、昔満州だった中国東北部へ行く予定です。さらに、来年は環境問題を取り上げようと思っています。このように、毎年、スタディ・ツアーで中国を訪問して、中国について十年間勉強しようとしています。十年経てば、きっと中国のことはおおよそ分かるという力が身につくと思っているのです。

そこで、第一回の「中国理解講座」のとき、私はどこを集合場所にしようかと考えました。不便、不自由、不親切の方針のもと、最後に結論を出し、案内状に書きました。

「四月四日、北京、新世紀飯店ロビー、午後四時集合」

参加者からは、いつものように「どうやって北京に行ったらいいのですか？」と電話が殺到しました。私は「自分で考えて来てください」と答えました。

海外へ行くときは、空港へ集合しさえすれば、あとは自分で何も考えなくても、旅行会社のツアー・コンダクターが目的地へ連れて行ってくれます。それが二十世紀の日本の姿です。つまり「保護型の社会」です。しかし、これは過去の時代です。これから私たちが生きる時代は、自分のことは自分でする時代だと思います。まさに、「保護型の社会」から「自立型の社会」への大転換だと思います。

ですから、みなさん方にとって一番大事なことは、自立した心を持った人間になることだと思います。自分のことは自分でするという、極めて簡単なことを徹底して行うことによって、自立した人間になることが、私は二十一世紀のキーワードだと思います。

そういう考えから、あえて集合地も北京の新世紀飯店としたわけです。最初は参加者も大騒動です。しかし、自分で調べると分かるのです。

例えば、関西国際空港から北京まで、どういう航空会社が、週に何便飛んでいるかということは、自分で調べてみたらすぐに分かります。毎日飛んでいるわけではないということが分かるようになってきます。また、航空会社によって料金も違うことが、自分で調べれば分かるでしょう。自分で苦労してみれば分かる、つまり身についてきます。

そして、不思議なようですが、すべてを自分で考えて準備して行きますと、ほとんど事故は起きません。なぜ海外旅行で事故が起きるかというと、多くの場合、団体で行くことに原因があります。

もし一人で北京まで行けと言われたなら、みなさんも間違いなく緊張するでしょう。道中、居眠りをしたくなっても、「寝過ごしたらいかんな」と思えば、絶対に寝過ごしません。空港で「ちょっとお兄さん寄っていらっしゃい、安いよ、安いよ」と呼び止められても、「ここでついていったらダメだ」というように、万全の警戒をします。ですから、あまり事故は起こらないのです。

ところが団体で行くときは、どうでしょうか。分からなくても誰かが何とかしてくれる、危なかったら誰かが注意をしてくれる、という具合で、自分自身に主体性がありませんから、不用意に一人で散歩して、グループから離れたりすると、「俺の泊まっているホテル、なんて名前やったかな」となるわけです。要するに主体性がないので、旅行全体の計画が頭に入っていない証拠です。

青年塾では、「第一回中国理解講座」の最後の日には「以上をもって、この研修は終わりました。どうぞここから帰ってください」と言って、上海で解散しました。

そうすることで何を身につけるかというと、自分のことは自分でするという基本的な考え方と姿勢です。不便で、不自由で、不親切だからこそ、自分の頭で考え、自分でやっていく。それが結局自分のものになっていくという意味において、青年塾ではこの三大方針で研修を行っています。

さらにもう一つ、不便、不自由、不親切について大変印象に残る出来事がありましたのでご紹介します。

会場づくりの教育的効果

あるとき、青年塾の三大方針を知っている人から、「三大方針にふさわしい、いい会場があった」と推薦をいただきました。

それまでにもいろいろなところに行き、いろいろな会場でセミナーを開催しましたが、その中でも思い出深いのが、丹後《たんご》半島の山の中にある十年以上も使っていない廃校のことです。最初、現地を見て、さすがの私も「うわあ、これはすごいな」と驚きました。

十年以上も使っていない廃校は、天井の板が外れて垂《た》れ下がっていました。そこから雨水が入ってくるので、フロアーには草がいっぱいに生えていました。廊下を歩いてみますと、歴代校長先生の写真の額が落ちて散らばっているのです。私も正直、「ここでできるかな」と思いながらも、「よし、やろう」と決心して会場に決めました。

私は、まず家主さんに挨拶しようと思い、教育委員会へ行きました。そして、「あの廃校を何とか貸してもらえませんか」と、お願いしました。私は最初、感謝されると思っていました。「十年間も使っていませんから、使ってもらえるだけでありがたい」と、きっと喜ばれると思っていました。しかし、教育委員会の方の反応は予想に反するものでした。

「先ほどから廃校、廃校とおっしゃっていますけれど、あれは廃校ではありません」

そう言われて、私は思わず、「あれが廃校ではなくて、なんですか?」と聞き返しました。すると、「あれは休校です。廃校ではなくて休んでいるんです」という返事なのです。私はあっけにとられました。そして、いつかは再開するものなのかを聞くと、まったくその見通しはない、それどころかもう一つ別の学校も、まもなく「休校」になると言うのです。

「どういうことですか?」

「実は、あの校舎を建てるとき、将来、もし子どもたちがいなくなった場合、校舎のあとを公民館として使おうという計画があって、少し立派な建物をつくりました。そのとき補助金を当時の文部省からもらいましたが、その補助金の返済を済ませていません。返済が終わっていない間は、勝手に廃校にできないから、休校の形にしてあるのです」

「そういうわけですか。ところで休校でも使わせてもらえるのですか?」

「休校中の校舎を使うには、いろいろと条件が必要なのです」

「どういう条件ですか?」

「現状を変更してはいけないのです」

「どういうことですか？　垂れ下がっているあの天井を元へ戻して、トントンと釘《くぎ》で打ったらどうなるのですか？」

「それは、現状変更にあたります」

「じゃあ、あの割れている窓ガラスを新しいガラスに換えるのはどうですか？」

「現状変更にあたります。割れたまま磨くのでしたら構いません」

こういう会話が続いたわけです。私にとって、これらはすべて初めて聞く話ばかりでした。ですから、全部勉強になったのです。結局、そういう条件つきでしたけれども、やり通しました。百人がかりで、二日間みんなで掃除をしました。隅から隅まで掃除をしました。

十年間使っていない汲《く》み取り式の便所は、一人が一つずつ便器などを担当して、徹底的に磨きました。大変汚れていましたが、半日、磨いていると、ぴかぴかになりました。床も磨きました。半日の間、ずっと磨いていると、雨水と一緒に流れ込んで積もっていた土の下から、木目が見えてくるのです。本当に不思議なもので、人間はそういうときに感動するのです。会場をつくることでも、自分でやってみたら、〝大したもんだ〟〝変われば変わるもんやなあ〟ということで、みんな感動しているのです。

自分で苦労してつくった会場で行う研修には、最高の教育効果があります。それは最高級のホテルやどんな立派な会場で行う研修よりも、はるかに効果がありました。参加者は、講座が始まる前から感動しているのです。

皆さん方も、ぜひ、不便なところを探して、不便な場所で研修を行うとよいと思います。人に世話ばかりしてもらっているから、ありがたみが分からないのです。自分で苦労することによって、自分が感動するのです。ですから大きな教育効果が出るのです。

青年塾では、研修のときなど、最初から机を並べていません。参加者は、「机がないのですが、どうしたらいいのですか?」と聞きにきます。私は「自分で勉強する机は、自分で運んでください」と言います。

たいていの場合、何かの研修に参加すると、机や椅子《いす》は初めからきちんと置いてあります。そうではなくて、自分で使うものは自分で運ばなければいけないのです。机も椅子も自分で苦労して運びます。すると今度は、こう言います。

「どう並べたらいいでしょうか?」

「自分で考えてください」

私はそう答えます。

青年塾では、机の並べ方も決めていません。そして、毎時間変えるのです。机の並べ方には、これが最高で、究極の形というものはないはずです。ところが、どうしてなのか、教室で行う研修では昔からずっと、どこの会場へ行っても同じような講義形式の並べ方しかしません。なぜかと言うと、ふつうの並べ方をしている間は、何も考えなくていいからなのです。こういうあり方を、世間ではマンネリと言います。

私は、毎時間必ず、机の並べ方も全部塾生に考えさせます。ですから、時間によってまったく並び方が違う場合があります。あるとき、机をみんな向かい合わせにしていたことがありました。教室の左側の人は全部右を向き、反対に右側の人は全部左を向いているのです。

「今日は珍しい並べ方だな」

と言うと、

「昼食を食べると、どうしても眠たくなる。だからお互いに監視し合うためには、これがいいのです」

と言うわけです。このような考え方もいいと思います。要するに、特別な講師や特別な体験だけが勉強なのではなく、机の並べ方を一つとっても、自分で考えることによって勉強になるわけです。

昨今、意識改革のための研修があちらこちらで開催されています。「意識改革」と言いながら、行っている研修内容は何十年と変わっていないような研修がたくさんあります。何かがおかしいと思います。意識改革などと言わなくても、会場に来ただけで意識改革を感じられるようにするためには、机の並べ方一つに至るまで、自分で考えなければ何も動かないような仕組みをつくればよいと思います。自分で運んできて、どのように並べるとよいのかを自分の頭で考える。そのようにして、全部自分たちで会場を設営すれば、すでに学ぶときの心構え、意識というものがまったく違ってくるのです。

そういう意味において、自分の頭で考え、そして自分で自分のことをするという、自立型の生き方をめざすことの大切さを、まず第一に皆さま方にお考えいただきたいと思います。

次に、第二番目として、私がみずからの経験を通して自分の頭で考えたことの一つ、「人を育てること」について、例を挙げて考えてみたいと思います。

心を育てるカリキュラム

私は松下政経塾に、開塾一年半後から十四年間勤めました。松下政経塾は、国のリーダーや政治家を育てることを目的とする学校です。政治家を育てるためには、どういうカリキュラムを組むべきか、どういう講座を設けるべきか、いろいろとカリキュラムを考えて、塾長である松下幸之助に持っていきました。皆さんが私の立場であったなら、どのような講座を考えられますか。

私たちは、政治学の勉強をまず第一に入れました。また、これからの政治家には経済も必須だと思い、経済学も入れました。さらに国際政治も国際経済も、当然、講座の一つとして入れました。政治家は演説の練習もしなければいけないだろうということで、演説の講座も組み入れました。政治家は選挙が大事だから、選挙の戦い方という講座も必要だと思いました。私なりに全部揃えて、松下幸之助のところへ行きました。そのとき松下幸之助は、そのカリキュラムを見てどう言ったでしょう。

「僕は、こんな研修しとうないんや」

と言いました。さらに続けて次のように言いました。

「君、これなあ、全部知識の勉強や。知識を否定するわけやない。だけど知識は所詮道具にしか過ぎんのや。もっと大事なのは、政治家にふさわしい人間をつくることや。政治家にふさわしい〝心〟を持った人間を育てる教育をしたいんや」

私が考えていた計画は全部白紙になりました。そういうわけで、私が塾頭であったときは、松下政経塾では、政治学の知識というものはあまり教えていません。政治はこういうものだという講義は、ほとんど行わなかったのです。松下政経塾は、政治家を育てる専門の教育機関ですが、政治学や経済学はもちろん、国際経済や国際政治もあまり教えていませんでした。つまり、そういうことは自分で勉強しなさいということです。

では、松下幸之助が〝一番大事な勉強〟と言ったのは何だったのでしょうか。

松下政経塾の開設の前年、日本のリーダー、つまり政治家を養成する教育機関ができると聞きつけて、最初の入塾試験に九百余人の受験者が集まりました。そのうちから、わずかに二十三人を選びました。ですから、新聞では「エリート中のエリート」と書かれました。こういう書かれ方をしますと、たいていの人間は勘違いを起こしていきます。歩いている姿を見ると、後から支えてやらないと、ひっくり返るんじゃないかというぐらい、「天下を取ったぞ！」と言わんばかりの雰囲気になってしまいます。

彼ら二十三人の最大の関心事は、どのようなエリート教育をしてもらえるかでした。どのような特別な教育をしてもらえるかなのです。世界の有名な学者が来て、最高度の知識を教えてくれるに違いないという、大きな期待をしていました。その塾生に向かって松下幸之助はこう言いました。

「君らにはな、立派な政治家になってほしい。日本を代表するような立派な政治家になってほしい。できれば世界を代表するような立派な政治家になってほしい。ついてはそのために、明日からしっかり勉強してほしいことがある」

それを聞いた塾生たちは、みんな「いよいよきたぞ。どんな特別な勉強だろう」と思って、身を乗り出しました。そこで、松下幸之助は言いました。

「とにかく立派な政治家になるために、明日から誰よりも早く起きて、自分の身の回りをしっかりと掃除してや」

松下政経塾の一番大事なカリキュラムの一つは、誰よりも早く起きて、自分の身の回りを徹底して掃除する、ということだったのです。もちろん、それだけがすべてというのではありませんが、大事な研修の一つだったのです。

エリートの盲点

皆さんは、このことをどう思われるでしょう。

たいていは、こう言います。

「そんな雑用は私たちのやることではない。われわれエリートの仕事ではない。掃除なんか、外注業者にやらせてくださいよ。そんな時間があったら、もっと高度な勉強をしたい」

これが現在の多くの人が考える一般的な考え方ではないでしょうか。塾生の彼らもみんな共通した思いだったのです。しかし、松下幸之助は、政経塾に来るたびに塾生たちに、

「君ら、しっかり掃除してるか」

とは聞いても、

「君ら、しっかり勉強してるか」

とはあまり聞いてくれないわけです。私もこのことを理解するのに大変苦労いたしました。

私は松下幸之助に、

「どうして立派な政治家になるために、掃除が必要なのですか?」

と聞きに行きました。しかし、松下幸之助はこう答えるだけでした。

「自分で考えなはれ」

自分なりの答えを見つけるまで、私は十年かかりました。

誰よりも早く起きて、しっかりと身の回りを掃除することが立派な政治家になる最も大事な勉強だということの真意に気がつくのに、十年かかりました。松下幸之助は、それを教えてくれませんでした。ですから、私は自分で一生懸命に考えました。そのうちに、自分の確信として、〝ああ、そうやな〟と思うようになったのです。苦労して私が見つけた答えとは、次のようなことでした。

自分の人間としての値打ちを上げるための〝心〟を育てないと、心が貧しいのにどんなに立派な知識を身につけても、所詮その知識は生きてこない。いわば三流の人間に一流の道具を持たせても、ダメだということです。

例えば、日本のエリートを育てるという東京大学法学部では、法律の知識を教えるという講義はたくさん行われていますが、エリートの責任や人間として一流になるためにという教育はあまり行われていないのです。人の上に立ったとき、最大の責任はこういうことだ、というような人間教育の講座はあまりないわけです。

また、日本の医学部では、当然のことながら、医学の知識は教えます。しかし、医者たる者は、人間としていかにあるべきかということを徹底して教えている学校は極めて少ないのです。医者としての知識はたくさん持っているけれども、心が貧しい医者が増えてきました。医者になることがお金儲《もう》けであるという穿《うが》った考えを持つ医者が増えているのです。まさに、立派な道具ばかりを揃えて、心を育てる教育が行われていないと思います。

そういう世の中で、いかにして心を育てる教育をするか、そのために掃除をするということが、どうして心を育てることになるのか、私は十年間苦労して考え続けました。その私に、〝そうか！〟と示唆《しさ》を与えてくれた出会いがいくつかありました。それらの出会いを通して、私は目からうろこが落ちたのです。

北海道家庭学校での学び——流汗悟道の精神

一つは、株式会社イエローハットの創業者である鍵山秀三郎《かぎやまひでさぶろう》さんとの出会いです。鍵山さんは、会社を経営する一方で、みずから「凡事徹底《ぼんじてってい》」ということを提唱し、掃除という平凡なことを徹底して継続していくことが心を育てることになるということで、「日本を美しくする会」を主宰するなど、長年掃除を通して人格を高めるということを実践されている方です（生涯学習ブックレット・鍵山秀三郎著『凡時徹底が人生を変える』モラロジー研究所刊 参照）。このことについて、本日は詳しく申し上げませんが、鍵山さんには大きな示唆をいただきました。

二つ目は、北海道家庭学校との出会いでした。

この学校は、大変にすばらしい学校なのですが、簡単には入れないのです。試験が難しいからでありません。北海道内で、罪を犯した子どもたちが更生するために、児童相談所から送られてくるという、いわば望まずして入れられる学校です。あるとき、私はこの学校の教育が大変すばらしいという噂《うわさ》を聞きつけ、訪問することになったのです。

北海道家庭学校は、網走《あばしり》の近くの遠軽《えんがる》という場所にありました。網走と聞いて最初に思い浮かんだのは「網走少年監獄」。ですから最初は怖いというイメージがありました。高い塀《へい》があって、頑丈《がんじょう》な鉄の扉があって、厳重な警戒が敷かれているという学校を想像していました。ところが、遠軽の家庭学校を訪れてびっくりしたのです。

北海道家庭学校は、塀どころか門もないのです。門柱が二本立っているだけで、どこからでも自由に出入りできるのです。草花が咲き乱れて、本当に美しい学校でした。

その学校の一番の特徴は、カリキュラムにありました。午前中は一般の学校と同じように、算数、社会、国語、理科など、先生がテキストを使って黒板に書いて教えるという、「知識」の勉強をします。ところが、午後の授業はまったく違うのです。どう違うかといいますと、午後の授業は、自分たちの生活に必要なすべてのものを、可能な限り自分たちで作るのです。それが、北海道家庭学校の最大の特徴であり、教育の基本でした。

勉強に必要な机も、椅子も自分で作ります。朝食でパンにぬるバターもお味噌も自分で作ります。当然のごとく、野菜も自分で作ります。ちょっとした小屋も全部自分たちで作ります。

考えてみますと、私たちの普段の生活は、北海道家庭学校のそれとはまったく逆のように思います。身の回りの生活必需品を考えても、食生活を考えても、全部他人に作ってもらい、世話をしてもらっています。特に、現代の世の中は分業化していますから、自分でできる範囲というのは限られて狭くなっています。

すべてが他人の苦労や世話によって成り立っている社会生活の中で生きている私たちに対して、可能な限り自分の生活に必要なものは自分で作るということが、この学校の教育のシステムです。つまりこれは、自立した人間になるためのシステムなのです。

私は最初「非行少年が入る学校」というイメージがありましたので、きっと教室の机や椅子は、蹴飛《けと》ばされたり、傷つけられたりしてぼろぼろだろう、見る影もないのではないかと思っていました。しかし、教室へ入ったとたん、実にきれいに、そして丁寧に、机や椅子が整頓《せいとん》されていてびっくりしたのです。さらに驚いたのは、同じ机、同じ椅子を三十年、四十年と使っているというのです。壊れたらきちんと補修して、先輩から後輩へと受け継がれ、ずっと使ってきているのだそうです。私は、すばらしいと思い、先生に、

「どうしてこういうことができるんですか?」

と尋ねました。すると先生はこう言いました。

「自分で作るからです」

つまり、自分で机を作ってみると、机を作る苦労が分かるのです。その苦労が分かってはじめ

て、机を大事にするという〝心が育つ〟のです。自分で経験してみてはじめて、人の苦労が分かります。人の苦労が分かったときに、人間は他人や他人が生み出したものに対する〝思いやりの心〟を持つことができるのです。こうして心を学ぶ教育を、北海道家庭学校では、「流汗悟道《りゅうかんごどう》」と表現していました。

「流汗悟道」という言葉を、校長先生は、極めて分かりやすい言葉で言いました。

「苦労して苦労して、額に汗を流して経験してみてはじめて、人間としての最も大事な何かが分かるのです」

これは、教科書や本を読んで行う「知識の勉強」とはまったく違い、「知恵の勉強」と言います。その時、私は〝そうか！〟と思ったのです。

勉強には、「知識の勉強」と「知恵の勉強」があるのです。今日の学校では、ほとんど知識の勉強ばかりです。それに対して、知恵はどうしたら身につくでしょうか。自分で苦労して体験してみてはじめて自分の心に刻まれていくのです。人間は、頭にではなく、心に知恵が育ってきてはじめて、バランスのとれた人間になっていくと思います。

自分で苦労してみて人の苦労が分かり、心が育つということに関して、北海道家庭学校でのある出来事をご紹介します。

はじめて分かった母の思い

北海道家庭学校では、自給自足のために牛を飼っているのですが、あるとき、その牛が出産を迎えました。最初に出産の兆候に気づいたのは子どもたちでした。初めて遭遇する出来事に驚いて、

「先生、大変だ！　牛のお産が始まった！」

と、大きな声で先生を呼び、生徒たちを呼びました。そして、みんなが見ている前で牛の出産が始まったのです。

大変な難産でした。牛は苦しみ、痛がり、暴れました。さらに出産の途中、子牛の体が半分ほど出てきたところで、お産が止まってしまったのです。先生は、

「道具を持ってこい！」

と言って、子どもたちに急いでチェーンを持ってこさせました。そして、子牛の足にチェーンを巻きつけて、みんなで母牛のお腹から、子牛を引っ張り出そうとしました。しかし、子どもたちは怖いものですから、そろりそろりとしか引っ張れないのです。子牛はまったく動きません。先生は、

「そんなことではダメだ！　思いっきり引っ張れ！」

と叫んで、みんなで思いっきり引っ張って、やっと母牛のお腹から子牛を引っ張り出したのです。ところが、出てきた子牛は、あまりにも長いお産のために、息をしていませんでした。

「おい、早く鼻を吸ってやれ！」

立ちすくんでいた子どもたちは、その先生の声に励まされて、代わるがわる、生まれてきた子牛の鼻を一生懸命に吸って、お母さんの羊水《ようすい》を吸い出したのです。しばらくすると、子牛は息をしはじめました。命が助かったのです。

そのときでした。

「うわーっ！」

一人の男子生徒がものすごい声で泣き出したのです。みんなは〝ああ、命が助かったから、喜んであんなに大きな声で泣いているんだろう〟と思っていたのです。しかし、それだけではありませんでした。それは、その後に彼が書いた作文で分かりました。

子牛が生まれるまでの経過は私がお話ししたとおりに書かれていました。ところが最後の部分には、こう書かれてあったのです。

――（前略）母牛が子牛を生むっていうことは、こんなにも痛くて、こんなにもつらくて、こんなにも苦しくて、こんなにも命がかかっているのかと、僕は初めて経験しました。お母さんが子どもを生むっていうことが、こんなにも痛くて、こんなにも苦しくて、こんなにもつらいことだってことを、僕は初めて分かりました。僕の母ちゃんも、きっとこんな痛い思いをして、僕を生んでくれたはずです。だけど僕は、母ちゃんを何回も殴りました。母ちゃんを蹴飛ばしたこともあります。本当に母ちゃんに申しわけないと思ったら、僕はもう涙が止まりませんでした——

彼は自分の母親のことを思い、そのことを書いていたのです。彼だって、母親を殴ることはよくないということぐらい、頭ではちゃんと知っていたと思います。けれども、カッとしたら、もう止まらなかったのでしょう。頭で知っているだけではだめなのです。心に刻まれてはじめて、母親に対して〝ああ、母ちゃん、申しわけないことをしたなあ〟という気持ちが生まれたのです。心が育つとは、こういうことを言うのです。

牛の出産ではありましたが、自分の前で苦しんでいる母牛の姿が自分の母親に見えたのです。母牛の姿を通して、自分の母親が苦しんで、命がけで自分を生んでくれたことに思いを馳《は》せたとき、その母親を殴ったことに対して本当に申しわけないという気持ちになれたのです。

人の苦労は、自分で体験してみてはじめて分かります。人の苦労が分かってはじめて、そこに思いやりの心が育ってくるのです。思いやりの心が育ってきてはじめて、私は人間としての値打ちが上がってくると思っています。

机に向かって本を読む、話を聞くという知識を得るための勉強も大事な勉強ですが、一方において、心を育てる〝知恵〟を学んでいくことが大切なことなのです。そのために何よりも大事なことは、みずから額に汗を流して体験をしてみることです。体験を通して、心に刻み込むということが重要ではないかと、母牛の出産の話を聞きながら実感しました。

現代社会は、汗を流さない社会になりました。エアコンのきいたところで、コンピューターに向かって仕事をすることが、なんとなく高度な仕事と考える世の中ではないかと思います。こうした考えは、根本的に間違いだと思います。心が育つためには、バーチャル・リアリティー、つまり、仮想の体験ではなくて、リアリティー、すなわち、実際に体験することが必要なのだと思います。

店主とセールスマンの心の絆

松下電器という会社が、なぜ伸びてきたのか。その理由は極めて簡単です。松下電器は町の電気屋さんと共に汗を流すことを実際にしてきたからです。

昔、私たちが松下電器の社員のころは、

「松下電器の社員ってのは、本当に風采《ふうさい》があがらんなあ」

と、よく言われました。風采のあがるはずがありません。当時、他の電機メーカーの人たちは、ニューヨークのマンハッタンを歩くような格好で颯爽《さっそう》と歩いていました。そんな中で、松下電器の社員は、膝《ひざ》の抜けたズボンをはいて、服装は作業服で、大きなかばんを持って歩いていたわけです。なぜかといえば、その答えは簡単です。

当時、新入社員は先輩から言われました。

「君ら商売に行ってな、いきなり商売の話をしたらいかん。まず第一に、お得意先のお店を徹底してきれいに掃除せい。商売はその後からだ」

ですから、松下電器の社員は、お得意先の電気屋さんを訪問すると、まず、

「おはようございます！」「こんにちは！」

と大きな声で挨拶をしたあと、ハタキを持って店頭の商品のホコリを払い、雑巾《ぞうきん》で玄関の戸を拭《ふ》いたりしながら、店をきれいに掃除したのです。となると、当然かばんの中には、ハタキもあれば雑巾もあるというように、掃除用具をいつも持っているわけですから、かばんは大きくなります。一生懸命に掃除をしますから当然、ズボンの膝も抜けてきます。いい格好では掃除はできません。

店の前にトラックで商品が届きます。すると、お店の人たちと一緒になって運びます。お店の人たちと一緒になって汗を流すことによって、何が生まれるかと言えば、心の絆《きずな》が結ばれるのです。お酒をいくら飲み合ってもダメなのです。お互いが同じ目標に向かって、共に汗を流して、共に苦労をするからこそ、そこに心の絆が結ばれてくるわけです。

ですから、当時、松下電器の商品を扱ってくれているお店へ行くと、店主の中には「俺が死んだら、棺桶《かんおけ》にナショナルマークを付けてくれ」ということを言った人もいたくらいです。それは拡

売費をもらえるからとか、リベートが大きいからではありません。「あの会社は、われわれの同志なんだ」という心の絆が結ばれていたからなのです。

心の貧しさから抜け出る第一歩

マザー・テレサは、日本へ来た際にこう言いました。

「日本人は、世界で一番貧しく見える」

物は豊かになり、格好は極めてよいけれども、みんな孤独で心は貧しい、ということです。コンピューターに向かって仕事をしている様子を見るにつけ、機械とコミュニケーションができても、生身の人間同士のコミュニケーションができない人が増えてきたのではないかと思います。それは人間としては、実にさびしく、孤独な姿ではないかと思います。だからこそ、額に汗して体験をしてみる、人のために苦労をしてみることが、人間関係を豊かにしていく第一歩ではないかと思います。

前述した青年塾では、心を育てるために、一つのキャッチフレーズがあります。それは、「常に一歩前へ」の精神です。

「誰か、これをやってくれませんか?」

こう言われたときに、〃今、この忙しいのに、ここで手を挙げたら損だな〃と思うと、手を挙げられないのです。〃受けてしまったら、あとでえらい目にあうから、やめとこ、やめとこ〃と、たいてい、己《おのれ》の損得を計算して判断するのが普通です。

青年塾では、一流の人間に相応《ふさわ》しい心を育てるためには、みんなのために必要だと思ったら、「私がやります」というように〃一歩前へ出る〃ということを心がけています。

〃全体のために本当に必要であれば、あえて自分は多少苦労をしても、自分が多少しんどい思いをしてもいいです。私がやります〃

この姿勢が、一流の人間としての心を育てる一番身近な努力だと考えるからです。ですから、私たちは、合言葉を「常に一歩前へ」としています。これに関連して、ある高邁《こうまい》な精神についてご紹介したいと思います。

庄内藩・松ヶ岡開墾の精神に学ぶ

青年塾では、毎年、山形県の庄内《しょうない》地方で「庄内講座」という研修を行っています。庄内地方は日本でも有数の米どころで、月山《がっさん》という山の麓《ふもと》に最上川《もがみがわ》を中心として平野が広がっています。日本海側の大変によい地域です。

山形県の庄内藩というのは、幕末に、薩長の連合軍が徳川幕府を倒そうということで起こした戦争、つまり戊辰《ぼしん》戦争の際に、他の東北地方のほとんどの藩と同様に、幕府軍に加わって戦争に負けるわけです。この戦いでは、日本中のすべての藩が幕府軍と新政府軍に分かれて戦いました。

庄内藩は、その戊辰戦争で一番最後まで戦った藩です。戊辰戦争に負けた庄内藩は、戦争での屈辱《くつじょく》を晴らすために、これからは経済力で頑張ろうということになりました。そこで、旧藩士の青壮年たちを中心におよそ三千人によって、月山の麓の松ヶ岡という土地の開墾に着手したのです。原生林を開墾して桑を植え、蚕《かいこ》を育てようとしました。

開墾はすべて手作業で、林を伐採《ばっさい》し、木の根っこを掘り出して、桑畑にしていくわけです。それは大変な作業です。この開墾を始めるとき、広大な原生林の敷地を三十の地区に分割し、開墾のための班をつくって、各班ごとに分担して開墾することにしました。そのとき、どの班がどこの場所を開墾するか、くじ引きで決めることになりました。つまり、班の代表がくじ引きをして、一番くじを引いたなら、好きな開墾場所が選べるわけです。

ところが、当時の庄内藩の旧藩士たちはみんな、一番くじを引いた者から、開墾が一番困難な場所へと、競うようにして走っていったというのです。

私なんかが一番くじを引けば、自分の損得だけを考えて、一番楽な場所を選ぶでしょう。ところが、庄内藩の旧藩士たちは、誰もが一番困難なところを選んだのです。明治人のこうした高邁な精神を、私たちは学ぶ必要があるのではないでしょうか。

自分が、一番楽なところへ行こうと考えるのは、今日では当たり前な考えなのかもしれませんが、これは自分の損得しか考えられない人です。どれほど知的に優れていても、いわゆる一流大学を出ていても、自分の損得しか考えられない人は三流の人間だと思います。私は、みんなの得のためには、自分は多少損をしてもいいから一番困難なことを「私にやらせてください」と言って手を挙げられるのが、人間としての一流の姿ではないかと思いました。

青年塾の合言葉は、「一番苦労する人が、一番得をする」です。「私ばかり苦労させられる」「私ばかりしんどい思いをさせられる」「私ばかりつらい思いをさせられる」と思うのは、苦労した人間が一番損だと思っているからです。しかし、それは極めて間違った考え方だと思います。一番苦労した人間が、一番感動し、得をするのです。

例えば、「掃除は私にやらせてください」と言って、毎日早く出社してきれいに掃除をします。すると、みんなが「きれいで本当に気持ちがいいわ」と、喜んでいる姿を見て、「ああ、苦労してよかったなあ」という喜びが、自分の中に湧いてくるのです。自分から買って出た苦労は、感動を生みます。そう考えると、一番苦労した人が、一番感動するのだと思います。つまり一番得をするのです。そして、その苦労を買って出る心が、一流の人間への道ではないかと思います。

私は、若い人々が、自分の損得だけを考えるようなけちな人間になってほしくないのです。本当にみんなのために必要だと思ったら、「分かりました。私がやります。私にやらせてください」と、〝一歩前へ出る〟〝苦労を買って出る〟という心が、一流たる人間をつくっていく一番の道だということを、ぜひ心にとどめていただきたいと思います。

身近で具体的な努力

松下政経塾では、掃除をすることが、なぜ一番大事なカリキュラムなのかが、これでお分かりになったことと思います。松下幸之助は、こう言います。

「天下をよくする、世の中をよくするというのは、言葉の遊びにしか過ぎんのや。世の中をよくする前に、まず身の回りをよくせい」

つまり、「日本をよくします」ということは、口だけのことですから、誰でも言えます。その前に、まず、自分の身の回りをよくしなさいということなのです。徹底して身の回りをきれいにする、よくしていくという、その修行によって育ってきた心、その心をもって政治を行えば、おのずとよい政治ができるということです。

作家の三浦綾子さんは私にこう言いました。

「人類愛は簡単です。難しいのは隣人愛です」

「私は人類を愛します」と言うのは、口だけですから簡単です。しかし難しいのは隣人愛だというのです。人類愛は抽象的な観念の問題であるのに対して、隣人愛は、今、自分の隣にいる人を愛せるかどうかです。これは、極めて具体的な世界ですから、大変に難しいことです。

ですから、本当に人類愛を持ちたいと思ったならば、まず、隣人を愛するという極めて具体的な努力、身近な努力からしか始めようがないのです。日本をよくするためには、まず身の回りをよくするという努力からしか始めようがないというのが、実は「掃除をしっかりしいや」という松下幸之助の思いでもありました。

若い人へのメッセージ

現在は、知識偏重、技術偏重、資格万能の社会だと思います。私は、そうした考え方は基本的には間違っていると思います。こうした状況が長く続けば、人間はすべて使い捨てになってしまうでしょう。「君の知識は古い」「君の技術は古い」というひと言で、すべて人間廃棄物ということになります。そして、年を経るにしたがって、どんどんとリストラされ、多くの人が路頭に迷ってしまうことになります。こういう社会がよいはずはありません。

最後に、私が若い人たちに送るメッセージは、よい意味での「怒り」を持ってほしいということです。

今の時代は、視野を狭くして、つまり自分のことだけ考えていれば、腹は立たない世の中なのです。日々の生活を見れば、豊かで自由な時代です。たいていの場合、好きなものを食べられますし、きれいなものも着ることができます。どこにでも自由に行けます。まことに結構な時代といえるでしょう。ですから視野を狭くして、自分の生活のことだけを考えていれば、実に結構な世の中です。しかし、少し視野を広げれば、これほどけしからん世の中はないと思います。

私は、若者が怒りを失ったときから、日本の社会は悪くなったと思います。目を開いて、世の中の矛盾、世の中の問題点に目を向けたら、腹が立つはずなのです。自分だけの狭い視野から社会を眺《なが》めていますから、「誰かが何とかするだろう」「そのうち何とかなるだろう」という考え方しかできないのです。若い人たちから、「いいかげんにしろよ」という心からの怒りの声が聞こえてくるぐらいの世の中になってこないと、日本は立ち直らないのではないかということを、大変強く感じています。

皆さん、今、どれほど自分の生活に満足していても、幸せであっても、皆さんが乗っている船が沈んでしまったら、すべてが失われるのです。日本丸という船が沈んでしまったら、私たち一人ひとりの幸せも、日本丸と一緒に沈んでしまうのです。そして、今、日本丸という船は、実に危ない状態だと思います。この沈みつつある現状の中で、「自分さえよかったらいい」という気持ちでは、もう通用しないのです。

最後になりますが、松下幸之助が次のようなことを言っています。これから社会を担っていく人たちに一番言いたかったことだと思っています。

「お金が一番大事やないで。君らが実社会に出て一番大事にせないかんのは、信用やで。これを一旦失うと、何をしてもダメや。〝あいつは信用ならん〟という烙印《らくいん》を押されたら、どんな努力も生きてこない。だから君が社会人になって会社に入って一番大事にせないかんのは、人間としての信用やで」

では、その信用は、どうしたら身につくかということです。簡単と言えば、極めて簡単ですが、難しいと言えば、極めて難しいと言えます。それは、当たり前のことを徹底して行うことです。

例えば、どんなときにでも絶対に時間に遅れないという努力をしたとしましょう。そのあなたが、今日、たまたま電車が遅れて遅刻したら、みんなはどう言うでしょうか。

「あいつが遅れてくるなんて、何かあったのと違うか?」

と、必ず言ってくれます。それはすでに信用があるからなのです。それに対して、毎日のように遅刻する人が、今日も遅れたらどうでしょう。周りの人は、「またか」と言います。当たり前のことを徹底してやる努力が、実は大きな信用をはぐくむのです。

借りたお金は、期日には必ず返す。これは当たり前のことです。どんなときでも、借りたお金は期日に必ず返す人にお金を貸したら、「あいつだったら大丈夫だ」と言います。しかし、貸してもなかなか返さなかったら、「気をつけろよ。あいつは危ない」ということになります。信用というのは、まさに平凡を励むところから生まれてくるのではないかと思います。ですから、身の回りの掃除をするということも含めて、平凡を励むということが、人間としての値打ちを上げる道であります。

そして、「一歩前へ」の精神ということを、ぜひ、皆さん方に提案させていただきたいのです。

最近、私は、〝人間の目〟を基準として物事を判断するのは弱いのではないかと思います。「人が見ているから」というレベルの基準とは、「人が見ているからやめておこう」「人が見ていないから、やってもいいだろう」ということですから、判断の基準としては弱いということです。

その意味で、「人が見ていても見ていなくても、必ず天が見ている」という基準で判断して、やってはならないことは絶対にやらない、やるべきことは絶対にやるという生き方のできる人が、私は本当に強い人間ではないかと思うわけです。

物事を行うとき、常に「天が見ている」と思って生きる、という言葉を皆さんにお贈りして、私の話を終わりたいと思います。

上甲　晃（じょうこう・あきら）

昭和16年（1941）、大阪市に生まれる。京都大学教育学部を卒業後、昭和40年に松下電器産業株式会社に入社。広報、営業を経て、昭和56年に財団法人松下政経塾に出向。教務部長、理事・塾頭、常務理事・副塾長を歴任。平成８年に松下電器を退職し（有）志ネットワークを設立。平成９年、「青年塾」を創設し、現在に至る。

著書に『志のみ持参』『続・志のみ持参』『志高く生きる』『日々発見日々感動』（以上、致知出版社）、『心の革命』（共著、第二海援隊）、『志は愛』（燦葉出版社）など多数。

●生涯学習ブックレット

人間として一流をめざす——心を育てる教育とは何か

平成14年10月１日　初版第1刷発行
平成28年11月１日　第9刷発行

著　者　上甲　晃

発　行　公益財団法人　モラロジー研究所
〒277-8654　千葉県柏市光ヶ丘2-1-1
TEL. 04-7173-3155（出版部）
http://www.moralogy.jp/

発　売　学校法人　廣池学園事業部
〒277-8686　千葉県柏市光ヶ丘2-1-1
TEL. 04-7173-3158

印　刷　株式会社　長正社

ISBN978-4-89639-069-8